# Los billetes

Por Dana Meachen Rau

Especialista de lectura: Susan Nations, M.Ed., autora/profesora de lectura/consultora

**Gareth Stevens**
Publishing

Please visit our Web site www.garethstevens.com. For a free color catalog of all our high-quality books, call toll free 1-800-542-2595 or fax 1-877-542-2596.

**Cataloging Data**

Rau, Dana Meachen, 1971–
      Paper money / Los billetes. by Dana Meachen Rau.
         p. cm. — (Money and banks)
      Includes bibliographical references and index.
      ISBN 978-1-4339-3717-0 (lib. bdg.)
      ISBN 978-1-4339-3718-7 (softcover)
      ISBN 978-1-4339-3719-4 (6-pack)
——1. Paper money—United States—Juvenile literature.   2. Dollar, American—Juvenile
   literature.   3. Spanish-language materials. Title.   II. Series.

New edition published 2010 by
**Gareth Stevens Publishing**
111 East 14th Street, Suite 349
New York, NY 10003

New text and images this edition copyright © 2010 Gareth Stevens Publishing

Original edition published 2006 by Weekly Reader® Books
An imprint of Gareth Stevens Publishing
Original edition text and images copyright © 2006 Gareth Stevens Publishing

Art direction: Haley Harasymiw, Tammy West
Page layout: Daniel Hosek, Dave Kowalski
Editorial direction: Kerri O'Donnell, Barbara Kiely Miller
Spanish Translation: Eduardo Alamán

Photo credits: Cover, title page, p. 20 (upper left, upper and lower right) Shutterstock.com; p. 4 Gregg Andersen; pp. 5, 6, 7, 9, 15, 18, 19, 20 (lower left), 21 Diane Laska-Swanke; p. 8 © National Archives/Getty Images; p. 10 © Joe Raedle/Getty Images; pp. 11, 12 (both), 13 (both), 14 (both) © Stock Montage, Inc.

Printed in the United States of America

CPSIA compliance information: Batch #WW10GS: For further information contact Gareth Stevens, New York, New York at 1-800-542-2595.

# Contenido

Las palabras en **negrita** aparecen en el glosario

# Comprar con papel moneda

Una **divisa** es el tipo de dinero que las personas usan para comprar cosas. Hay dos tipos de dinero. Las monedas y los billetes son dos tipos de divisa. Un billete de un dólar se puede usar para comprar muchas cosas. Tú puedes comprar una soda o un refrigerio.

Con un billete de un dólar, puedes comprar un juguete pequeño.

4

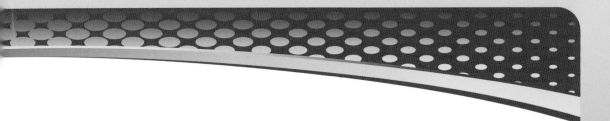

Con dinero puedes comprar estampas o una tarjeta de cumpleaños para un amigo.

Pero, ¿sabías que el papel moneda no está hecho de papel? Está hecho de algodón y lino, que son dos tipos de tela.

Cuando ves un billete de cerca, puedes ver pequeños hilos azules y rojos.

Millones de personas usan papel moneda todos los días. Los billetes tienen que ser muy resistentes. Los billetes son tan fuertes que no se rompen aunque los metas en una lavadora de ropa. Los billetes duran cerca de un año y medio. Algunos billetes duran mucho más.

Los billetes se gastan cuando los han usado muchas personas.

En Estados Unidos existen siete tipos de billetes. Cada uno tiene un valor diferente. Algunos billetes valen poco dinero, como los de uno, dos y cinco dólares. Otros billetes valen más, como el de diez, veinte, cincuenta y cien dólares.

Los billetes de dos dólares son los menos usados.

# Cómo se hacen los billetes

La Oficina de Grabado e Impresión de los Estados Unidos fabrica el papel moneda en Washington, D.C., y en Fort Worth, Texas. Esta oficina imprime en un año millones de billetes.

El edificio de la Oficina de Grabado e Impresión en Washington, D.C., fue construida en 1914.

Esta oficina hace más billetes de un dólar que de cualquier otro. Esto es porque el billete de un dólar es el más usado. El billete de un dólar es negro y verde. Los billetes de veinte y cincuenta dólares, además, tienen color durazno y azul.

El billete de veinte dólares tiene más colores que el de un dólar.

Para hacer los billetes, se alimentan largos planos de papel en grandes **imprentas**. Las imprentas trabajan muy rápido, imprimiendo treinta y dos billetes en cada plano de papel. Otra máquina corta el papel en billetes individuales. Los billetes salen planos y brillantes.

Tú puedes visitar la Oficina de Grabado e Impresión para ver como se fabrican los billetes.

# Historia en papel

Cuando miras un billete, alguien te está mirando. Todos los billetes tienen en el frente una imágen, o **retrato**, de un personaje famoso. En la parte de atrás, los billetes muestran edificios y símbolos famosos de los Estados Unidos. El retrato de George Washington está en el billete de un dólar. Washington fue el primer presidente de los Estados Unidos.

George Washington fue presidente durante ocho años.

El billete de dos dólares tiene un retrato de Thomas Jefferson. Jefferson escribió la **Declaración de Independencia.** El billete de cinco dólares muestra al presidente Abraham Lincoln. Lincoln mantuvo a la nación unida durante la guerra civil.

Thomas Jefferson (*izquierda*) fue el tercer presidente de los Estados Unidos. Abraham Lincoln (*derecha*) fue el decimosexto presidente.

Andrew Jackson fue el séptimo presidente de los Estados Unidos. Jackson aparece en el billete de veinte dólares. Ulysses S. Grant aparece en el billete de cincuenta dólares. Grant fue un famoso **general** que se convirtió en el decimoctavo presidente.

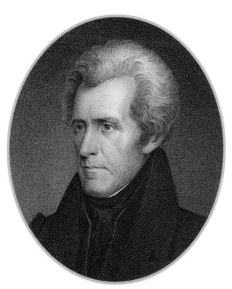

Andrew Jackson (*izquierda*) y Ulysses S. Grant (*derecha*) también fueron presidentes de los E.E.U.U.

No todos los billetes tienen presidentes. Alexander Hamilton está en el billete de diez dólares. Hamilton fue el primer **Secretario** del tesoro de los Estados Unidos. El tesoro es la parte del gobierno que se encarga del dinero. Benjamín Franklin está en el billete de cien dólares. Franklin ayudó a formar el gobierno de Estados Unidos. Además fue famoso por sus inventos.

Alexander Hamilton (*arriba*) y Benjamín Franklin (*abajo*) fueron estadounidenses famosos.

# Los billetes de cerca

¿Has visto de cerca un billete de un dólar? Puedes ver la fecha en la que fue fabricado. Cada billete tiene un **número de serie**. Este número marca el lote en que se fabricó el billete. El número de serie tiene números y letras. Cada plana de papel moneda tiene un número de serie distinto. Esto es cada treinta y dos billetes.

**número de serie**

**fecha de fabricación**

El billete de un dólar muestra cuanto vale. ¿Puedes encontrar los números que muestran el valor del billete?

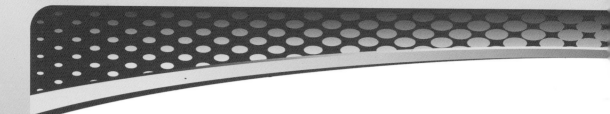

Mira la parte de atrás del billete de un dólar. Ahí verás las dos caras del Gran **Sello** de Estados Unidos. La parte izquierda muestra el reverso del sello con una pirámide. La pirámide es un símbolo de fortaleza. El ojo en la punta de la pirámide simboliza a Dios.

Las letras en la base de la pirámide significan 1776, el año de la independencia de los Estados Unidos.

En el lado derecho, tiene el frente del Gran Sello. Aquí vemos un águila sujetando una rama de olivo en una garra y una flecha en la otra. La rama de olivo representa la paz y la flecha la guerra. El águila mira hacia la rama de olivo, lo que significa que los Estados Unidos es un país pacífico, pero que protege a la gente.

El águila sujeta trece flechas y trece ramas de olivo, representando las primeras trece colonias de este país.

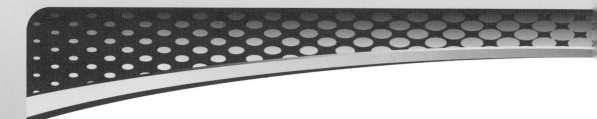

Los billetes también tienen secretos. Cuando ves algunos billetes contra la luz, puedes ver el rostro de una persona. Esta cara escondida se llama **sello de agua**. En algunos billetes, se imprime un número con tinta especial. Al mover el billete, el número cambia de color verde a cobre. Estas marcas se hacen para que la gente no haga su propio dinero.

**sello de agua oculto**

**tinta que cambia de color**

El billete de veinte dólares tiene un retrato escondido en el lado derecho.

Podemos aprender mucho del dinero. El papel moneda tiene rostros y símbolos de la historia de los Estados Unidos. ¡Estas pequeñas piezas de papel nos pueden ayudar a conocer nuestra historia!

¡La próxima ves que veas un billete de un dólar, piensa en todo lo que puedes aprender de nuestra historia!

# Conexión matemática: Conjuntos

Mira el precio de estos objetos. Luego mira los conjuntos de billetes en la página 21. Dos grupos de billetes son iguales al precio de dos objetos. ¿Cuáles son?

**1.**

**2.**

**3.**

**4.**

**A.**

**B.**

**C.**

**D.**

**E.**

**F.**

**G.**

**H.**

Respuestas en la página 23.

# Glosario

**Declaración de Independencia (la)** un documento que indica que las colonias eran libres del control británico

**divisa (la)** el tipo de dinero que se usa en un país

**general, a (el/la)** un líder en el ejército u otro grupo militar

**imprenta (la)** una máquina que imprime diseños, letras y números en papel

**número de serie (el)** un número que dice la posición que guarda un objeto en una serie

**retrato (el)** fotografía de la cabeza y rostro de las personas

**secretario, a (el/la)** el líder de un departamento del gobierno

**sello (el)** un diseño que se usa como marca oficial o de autoridad por un gobierno o negocio

**sello de agua (el)** una imágen en papel que sólo se puede ver contra la luz

**símbolos (los)** cosas que representan a otras

# Más información

## Libros

Endres, Hollie J. *¿Cuánto dinero?* Capstone Press, 2006

Hall, Margaret. *Dinero: Ganar, ahorrar, gastar / Earning, Saving, Spending.* Heinemann-Raintree, 2008

Ring, Susan. *Matemáticas y dinero.* Capstone Press, 2005

## En Internet

### The Bureau of Engraving and Printing
www.moneyfactory.com
Interesting facts about money and new money designs

### NIEHS Kids' Pages
www.niehs.nih.gov/kids/triviadollar.htm
Facts about the design and symbols on the dollar bill

**Nota de la editorial a los padres y educadores:** Nuestros editores han revisado con cuidado las páginas en Internet para asegurarse de que son apropiadas para niños. Sin embargo, muchas páginas en Internet cambian con frecuencia, y no podemos garantizar que sus contenidos futuros sigan conservando nuestros elevados estándares de calidad y de interés educativo. Tengan en cuenta que los niños deben ser supervisados atentamente siempre que accedan a Internet.

**Respuestas a la Conexión matem.:** 1. B and H  2. D and G  3. A and F  4. C and E

# Índice

## Acerca de la autora

**Dana Meachen Rau** es escritora, editora e ilustradora. Dana ha escrito más de cien libros para niños en diferentes niveles. Dana vive con su familia en Burlington, Connecticut.